मिट्टी से मिट्टी तक्

जीवन एक सफ़र

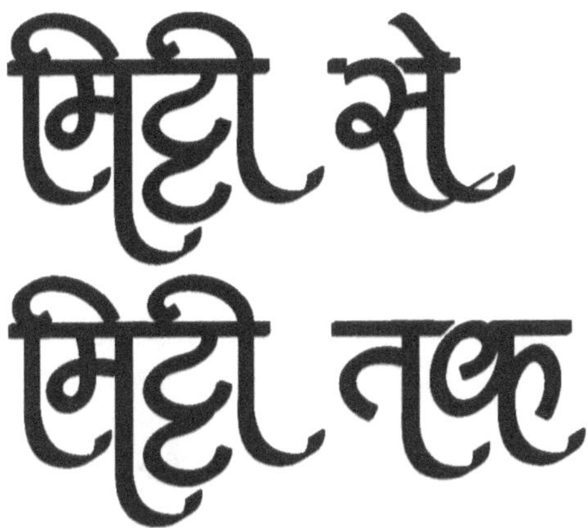

कल्पना नारायन

ISBN 979-8-88772-964-0

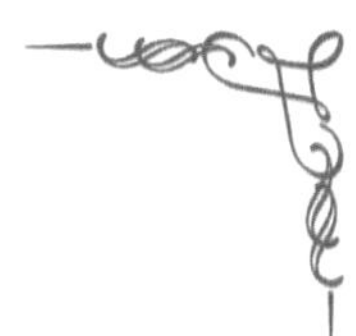

Dedicated to my late parents
Smt Sarla Narain and Dr Pratap Narain

अनुक्रमणिका

	Preface	9
१।	मिट्टी से मिट्टी तक	13
२।	एक अकेला पथ पे राही	16
३।	कश्ती का साहिल तू बन	18
४।	ख़ुशियों की मृग तृष्णा	21
५।	किस बात का गुरूर करता है तू	23
६।	आज फिर एक बार ...	24
७।	कल आज और कल	26
८।	जियूँ हर पल मैं ख़ुशहाल	28
९।	इक आरज़ू मेरी है	29
१०।	अकेलेपन का अहसास	31
११।	यारी कर ले तू जीवन के चक्र से	33

१२। अपनी रहमत का ख़ज़ाना   35

१३। कल की फ़िक्र ना तू कर   36

१४। नए रंग जीवन के   38

१५। पी जीवन का नशा   40

१६। चाहे तू तो यह मुमकिन है   41

१७। सरगम सा जीवन जी ले   44

१८। पूर्णिमा का चाँद   46

१९। एक पल में ख़ुद को पा   48

२०। रोशनी बन कर निकल तू   49

२१। मौला तेरा रंग निराला   52

२२। मुक़्मल जहां है मुमकिन   54

२३। ऐसा मुझे तू वर दे   57

२४। बेफ़िक्र समाँ जाना समुन्दर में   60

२५। यह रूहानी इश्क़   62

२६। फिर रूत चाहे कोई हो   64

२७। ना हारना तू हिम्मत   66

२८। जीवन की हर बेला में   69

२९। राज़ ए उल्फ़त छुपाते से रहे   71

३०। क्या है मोहब्बत   73

३१। मोहब्बत ए जहान   75

३२। सारा आलम अपना होगा   78

३३। माँग लिया उनको ही उनसे   79

३४। जीत जाऊँगी मैं   81

३५। ख़्वाबों को पंख लगा, उड़ जा   83

३६। फूल को शत शत नमन   87

३७। नग़मे है कुछ यादों भरे   89

३८। मैं अ "बला" नारी नहीं   91

३९। वो कल था अब बीत चला   93

४०। जी आयी लम्हे बचपन के   96

४१। ढाई अक्षर का मेला   98

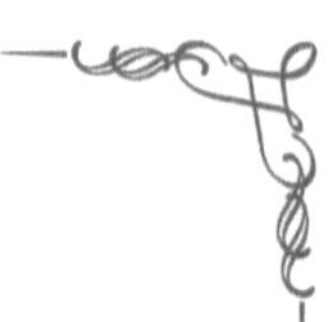

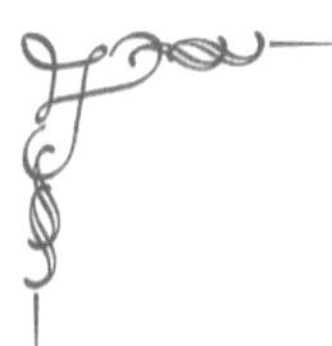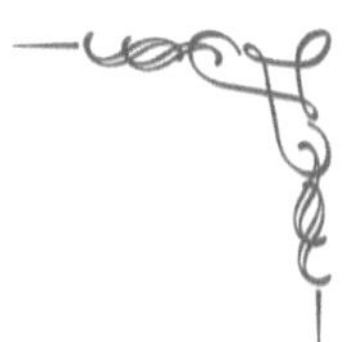

PREFACE

The blue cornflower is a symbol of positive hope for the future. A gentle reminder of the basic beauty of nature and the completeness of the circle of life, it represents hopeful optimism for the future as depicted on this book's cover. The poems featured in Mitti Se Mitti Tak - Jeevan Ek Safar trace the circle of life while taking the reader through a myriad of life's experiences with much sensitivity. The present hopeful optimism for the future with the same elegance associated with the cornflower.

Mostly motivational in nature, these poems and the cornflower remind readers of their blessedness and often urge them to be in gratitude for what they have. The poems featured in this compilation bring to life individual aspirations, relationships of love, connection with one's own soul and keeping faith in the almighty while journeying through the circle of life.

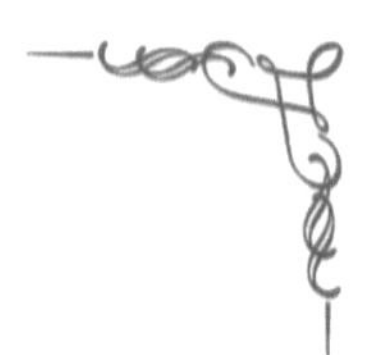

The poems featured in Mitti Se Mitti Tak- Jeevan Ek Safar are inspired from my close observation of life. Penned over the last two years, these poems have often been triggered by just a fleeting thought which I decided to dive deeper into. As the topics occurred to me intuitively, I brought to life some of my emotions and insights on the topics.

I do hope that these poems will motivate the readers to overcome life's challenges with courage and go beyond the pursuit of worldly happiness.

– Kalpana Narain

१। मिट्टी से मिट्टी तक

मिट्टी से आया हूँ मैं
कल मिट्टी में मिल जाऊँगा
वस्त्र बदल फिर लौटूँगा
तो नए मोह में बंध जाऊँगा

क्या यही मोह है लक्ष्य मेरा ?
या खोज रहा हूँ नई राह?

इस मोह बंधन से मुक्त करूँ
और राह नई पर चल पाऊँ
सोच सोच मैं विचलित हूँ
पर राह ना निरूपित कर पाऊँ

इतना तो अब समझ गया मैं ...

इस जीवन के मेले ठेले को
इक तरफा जो ना कर पाया
तो यही कारवाँ चलता जाएगा
मैं फिर फिर वापिस आऊँगा

इतना भी अब समझ गया हूँ ...

होगा ना जो ज्ञान मुझे
सूत्र और स्रोत मेरे का
मैं यूँ ही भटकता जाऊँगा
मैं फिर फिर वापिस आऊँगा

सोच रहा हूँ क्यूँ ना मै
जीवन के रस को पी डालूँ
जो रिश्ते मैं बुन पाया हूँ
क्यूँ ना उनको मैं समझ रहूँ

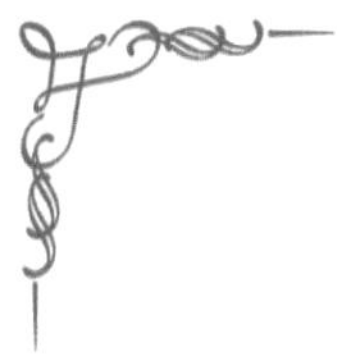
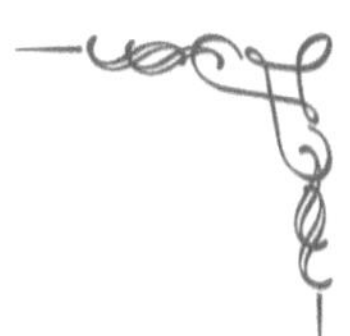

जो छुपा है मेरे अस्तित्व में
क्यूँ उसके पीछे पीछे दौड़ूँ
जो अपने अन्तर्मन में झाँकूँ मै
अस्तित्व मेरा मिल जाएगा

इस दुनिया के मेले ठेले को
इक तरफ़ा मैं कर पाउँगा
इस चक्रव्यूह को तोड़ तोड़
ना फिर मैं वापिस आऊँगा

ना मोह कोई, ना दर्द कहीं
ना विचलित मन, ना चाह कोई
इस दुनिया के हंगामों से
आसक्त नहीं, आसंग नहीं

मुमकिन है मिल जाए मेरे
अंतर्मन को इक शांत चरम
और मिले आत्मा को मेरी
रहने का इक नया मुक़ाम

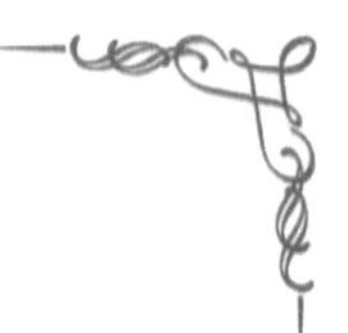

२। एक अकेला पथ पे राही

एक अकेला पथ पे राही
चलता जाता है बस यूँ ही
जब तक उसकी साँस ना टूटे
तब तक उसकी आस ना छूटे

पथिक दौड़ता जाता हरदम
यही सोच की कल रूक लूँगा
अपनी तक तो सुध ना उसको
औरों की वह क्या सोचेगा

फिर इक दिन थमता जब थक कर
जीवन की संध्या हो चुकती
स्वागत करती खामोशी बस
दूर निगाहें उसकी तकती

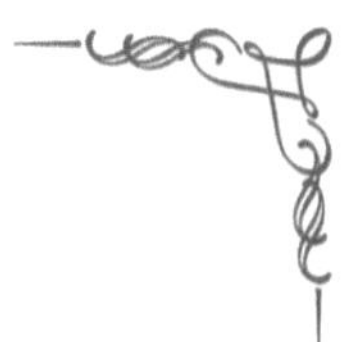

नैनों में इक प्यास लिए वो
व्याकुल मन को समझाता है
लम्हे वो जो बीत गए है
कोई ना उनको लौटा सकता

पथिक यही अब सोचा करता
कुछ लम्हे जो जीए होते
यादों की माला पिर लेता
उन्ही यादों को जी लेता

मायूसी ना होती दिल में
सपने देख देख जी लेता
एक अकेला पथ पे राही
चलता जाता है बस यूँ ही

३। कश्ती का साहिल तू बन

एक समय ऐसा भी था
जब समय थम सा चुका था
क़दम ठहर से चुके थे
कई ख़्वाब आधे अधूरे थे

यह जीवन क्या, एक तूफ़ाँ था
कोई राह नज़र ना आती थी
दुनिया की क्या दास्ताँ कहें
हम ख़ुद से भी बे- वाक़िफ़ थे

फिर अंतर्मन में झांका तो
आवाज़ दी बुझते अंगारों ने
क्या यहीं तक तेरा क़िस्सा था
बस इतना ही दम तुझ में था

क़यामत के आने से भी पहले
तोड़ दिया दम कैसे तूने
माना आसां नहीं यह सफ़र
फिर, इतना मुश्किल भी तो नहीं

जी ले जीवन को तू ऐसे
ना अफ़सोस कोई हो कभी तुझे
रूखसत होना तू दुनिया से
हर ख़्वाब को पूरा कर अपने

जी ले जीवन पल पल में तू
हर नामुमकिन को मुमकिन कर
तूफ़ान तो आना जाना हैं
कश्ती का साहिल तू बन

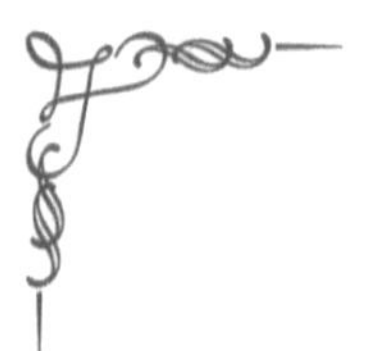

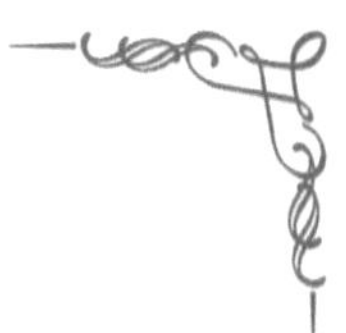

४। ख़ुशियों की मृग तृष्णा

कहते हैं...

ख़ुशियाँ मृग तृष्णा हैं
कोई उन को ना पा सकता है
जितना भागो उनके पीछे
वो भागती जाती आगे है

सच नहीं यह कहती हूँ मैं
ख़ुशियाँ हैं बसती अंतर्मन में
ना भाग अगर तू उनके पीछे
आयेंगी वह तेरे पीछे

बस तू वो करता चल "राही"
जो तेरे अंतर्मन को
हर्षित और संतुष्ट करें
और प्रियजन तेरे रहे सुखी

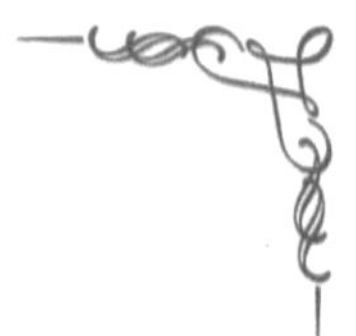

अनंतकाल तक बस जाएँगी
फिर आगे ना भागेंगी
इस जीवन से उस जीवन तक
रहेंगी ना मृग तृष्णा ख़ुशियाँ

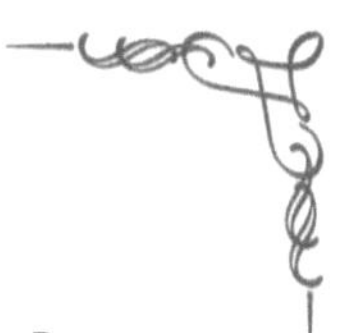

५। किस बात का गुरूर करता है तू

गुल के खिलने से जो गुलिस्ताँ में आती है बहार

उसका इल्म होता है क्या गुल को कभी ?

रंगो से बहारों में समा जो बंधता है

उस पे रंग को इतराते क्या देखा है कभी?

शमा जलती है जो रात भर

ख़ुद के जलने का इल्म भी होता ना उसे कभी

रोशनी औरों को वो देता है रात भर

महताब को इतराते तो ना देखा होगा कभी

फिर किस बात का गुरुर करता है तू?

हर क़दम अपना फ़र्ज़ ही तो अदा करता है तू

बन के चल गुल में गुलिस्ताँ और आसमाँ में महताब

राही तेरी शोख़ियों को भी लग जायेंगे चार चाँद

६। आज फिर एक बार ...

आज फिर एक बार
एहसास हुआ मुझे
अस्तित्व नहीं मेरा मेरे हम से है
वो सिर्फ़ उसके ही दम से है

मेरा मैं तो है अहम मेरा
अपने में डूबा है चला
मैं ना हूँ अभी, ना थी कभी
और ना ही आगे हूँगी कभी

उसकी रहमत मुझ पर बनी हुई
उसका साथ है मेरे साथ
अस्तित्व नहीं मेरा मेरे हम से है
वो तो सिर्फ़ उसके दम से है

७। कल आज और कल

जो कल है कुछ लम्हों में
वो भी कल बन जाएगा
जी ले तू इस पल को "राही"
तू सब कुछ यहीं पा जाएगा

मत सोच था क्या कल तेरा
या होगा कल जीवन में तेरा
मत सोच के कल क्या होगा फिर
मत शोक की क्या हुआ था कल

जो बीत गया सो बीत गया
संवार ले तू अपना कल
जो है, बस एक लम्हा है यह
समेट ले ख़ुशियाँ इस पल में

जी ले इस पल को राही तू
हर लम्हे को ख़ुशियों से भर
जो जुड़ा है तेरे संग जीवन में
ख़ुशियाँ ला उसके भी जीवन में

८। जियूँ हर पल मैं ख़ुशहाल

ख़ुद को पहचान कर
आशाओं को जान कर
अंतर आत्मा से मिलकर
मन को स्थिर कर
ख़ुशियाँ मिली भरमार
दुख हो कितना ही आपार
मैंने भी ठान लिया हर बार
जियूँ हर पल मैं ख़ुशहाल
जियूँ हर पल मैं ख़ुशहाल

९। इक आरज़ू मेरी है

इक आरज़ू मेरी है
जीयूँ बेफ़िक्र ला परा मैं
और हो सके तो लम्हे
कुछ बाँट लूँ ख़ुशी के
हर दिन जो बीते उसका
तहे दिल से शुक्र गुज़ारूँ

सितारों की ओढ़ चादर
सो जाऊँ दिन ढले जब
महताब की चमक हो
मेरे दायरे नज़र तक
यही कायनात हो बस
क़यामत जब आए मेरी

जो हाथ सर के नीचे
रख सोऊँ रात को मैं
हर चराग मुझसे बोले
सही राह आज चला तू
कल भी इसी क़दम पर
चलना मेरे तू राहगर

"राही" इक आरज़ू है मेरी
जीयूँ बेफ़िक्र ला परा मैं

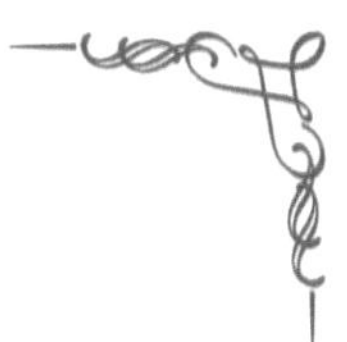

१०। अकेलेपन का अहसास

अकेलापन का अहसास
लाता है हर बार
एक नया अन्दाज़
एक नयी आस

आज मैंने सोचा
क्यूँ ना कर लूँ
अपने अकेलेपन से यारी
क्यूँ समझूँ उसको मैं अपनी मजबूरी

बस फिर क्या था
निकल पड़ा इक नया काफिला
क़िस्से कहानीयों का
रात भर बातों और यादों का

अपने अकेलेपन को निभाया मैंने
खुद से मिल कर खुद को पहचाना मैंने
अपनी खामोशियों में पा लिया
मैंने अपने जीवन का सारांश

समय के साथ साथ
यह याराना बन गया कुछ खास
मेरे अकेलेपन के साथ ने
जीना सिखा दिया मुझे

१९| यारी कर ले तू जीवन के चक्र से

बड़ा ही अद्भुत है यह चाँद

क्या कुछ नहीं सिखाता है यह चाँद

कितना खूबसूरत है यह चाँद

ना करे अपने दागों से ये शिकवा

आज शरद पूर्णिमा की खीर

तो अमावस में दिवाली की खील

आज ईद की अहजान लाए

तो कल होरी के गीत बरसाए

अमावस हो या पूर्णिमा की रात

लाता है चाँद ख़ुशियों की सौग़ात

और कहता है यह हर रात मुझसे

यारी कर ले तू जीवन के चक्र से

मायूस हूँ कभी मैं तो कहे मुझसे
बीत जाएगी रात यह भी
आज अमावस की रात है
तो कल एक नए चक्र की शुरुआत है

ना ठहरती रात कोई कभी भी
तू सब्र रख, कर खुद पर यक़ीन
चमक तू रोशनी बन बन
फिर अमावस ना आए जीवन भर

यारी कर ले जो तू जीवन चक्र से

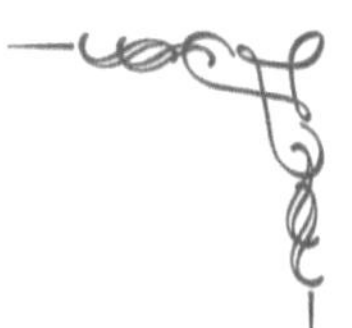

१२| अपनी रहमत का ख़ज़ाना

इस दिल को सम्भाल लें
यह सबब दीजिए हमें
सही राह पे चलते रहें
इतना करम कीजिए

मुश्किलें कदम कदम पे
मिलेंगी हमें राह में
इनसे आँख मिला सकें
इतनी हिम्मत दीजिए हमें

दिल से यह दुआ है निकली
इसको कुबूल करना
अपनी रहमत का ख़ज़ाना
हम पर बनाए रखना

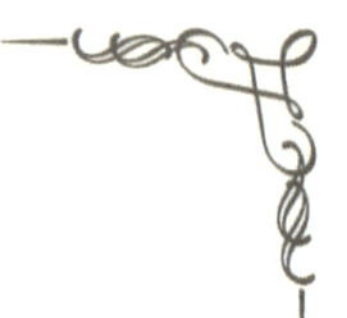

१३। कल की फ़िक्र ना तू कर

आज मौसम रवाँ नहीं था
पर क्या कल भी ऐसा ही होगा
मौसम तो आना जाना है
कैसे कल आज समरूप रहेगा

आज जो डाल पे झूम रहा है
कल वो राह पे बिखर रहेगा
आज जो पात हरा भरा है
कल उसका रंग बदला होगा

कल की फ़िक्र ना कर तू राही
आज के पल में वो तू कर ले
तेरा अंतरमन खुश हो जिससे
उसी राह पर चलना बस तू

दिल की अपनी सुन ले हर दम
मौसम का तू ना कर अब ग़म
यह तो बदलता ही रहता है
कल की फ़िक्र तू ना कर राही

१४। नए रंग जीवन के

नए नए रंगो का जीवन
नयी सी दुनिया उभरे हर दिन
इक पल नीचे इक पल ऊपर
कभी बरेंगी कभी है रंगी

कहीं कहीं तो ख़ुशियाँ झूमीं
और कहीं है मायूसी सी
कभी लगे है व्यर्थ यह भगदड़
फिर भी यही जीवन का लंगर

जो जिसको मिल जाए वही कम
मिला ना मुझको करे यही ग़म

मैं कहती हूँ ...
देख अगर अपने जीवन को
बहुत दिया उसने है तुझको

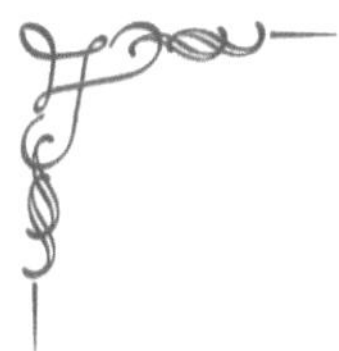

जो मिल जाए उसे सम्भलकर
जी जीवन "राही" तू पल भर
खोज खोज हर क्षण का सार
समझ तू जीवन है आपार

सतरंगी दुनिया कहलावे
नौ नौ इसके रस हैं रिझावें
क्यूँ ना इन रस और रंगो का
राही तू ही लुत्फ़ उठा ले

ऊपर नीचे तो चलता जाएगा
हर पल जी ले जीवन को तू
मुक़ाम अपना तू पा जाएगा
पी ले जीवन के रस को जो तू

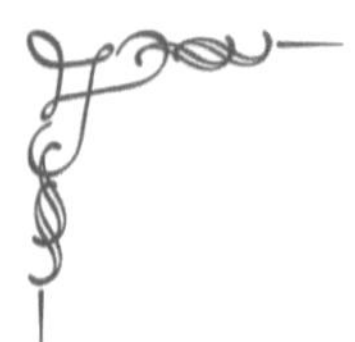

१५। पी जीवन का नशा

इक नई भोर
कुछ चतुर चोर
मोरे मन की डोर
को खिंचत है

चल उस ओर
जहाँ मिले सुरूर
खुले दिल के द्वार
हो ना ख़ुद से दूर

अब चल तू उठ
कर ना तू हट
खोज नयी दिशा
पी जीवन का नशा

इक नई भोर
कुछ चतुर चोर

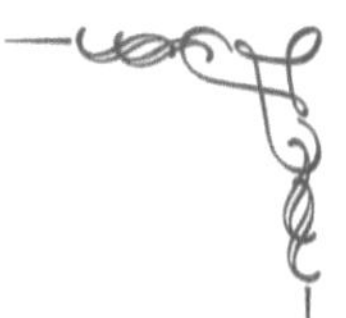

१६। चाहे तू तो यह मुमकिन है

ऐ चढ़ते हुए सूरज
चुराना चाहती हूँ मैं
तुझे तेरे दामन से
काश के यह मुमकिन हो

ए ढलते हुए सूरज
तुझे भी अपने दामन में
समेटना चाहती हूँ मैं
काश के यह मुमकिन हो

तू चढ़ता हुआ सूरज हो
या ढलता हुआ सूरज हो
ख़ूबसूरती तेरी कम ना हो
बता कैसे यह मुमकिन है

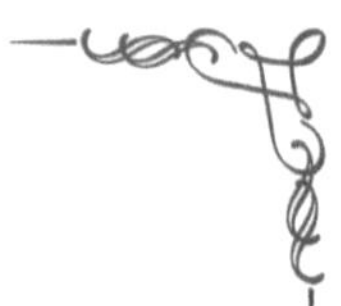

चढ़ते हों या ढलते हों मेरे क़दम
चमकूँ मैं रोशनी सी तेरी
कड़ी धूप बने राहगीर मेरी
बता कैसे यह मुमकिन है

कहा सूरज ने मुझसे
सहजता से यूँ मुस्कुराकर
मेरा ना इसमें दायित्व कोई
चाहे तू तो यह मुमकिन है

कर ले तू तय मिलों का सफ़र
और बाँध ले मुझे दामन में भी
गर चल पड़े तू उस डगर पर
जो दिखाऊँ मैं हर सहर

"राही" चाहे तू तो यह मुमकिन है
चाहे तू तो यह मुमकिन है

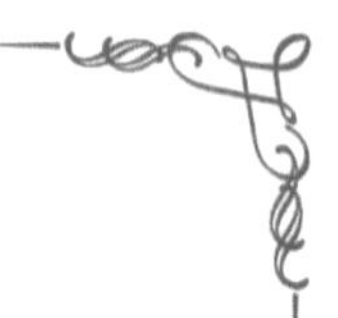

१७| सरगम सा जीवन जी ले

हर साँस छेड़ती है
नया गीत ज़िंदगी का
वो जो तार छेड़ रही है
उस स्वर से स्वर मिला ले

क्यूँ आंसू बहाता हरदम तू
क्यूँ तड़प तड़प के जीता तू
यह जीवन की वीणा के सुर
तू जीने को क्यूँ ना आतुर

ग़र लगें यह सुर सूने तुझे
इनसे ताल मिला कर देख
जीवन संगीत सरगम छेड़
पिरो इसके सुरों की माला

वीणा को छेड़ने दे
स्वरों का राग अपने
तू पहन ले यह स्वर माला
सरगम सा जीवन जी ले

१८। पूर्णिमा का चाँद

आज चंद्रमा पूरा था
आसमाँ में इतराता था
पर कल की ही तो बात यह है
जब वो कुछ आधा अधूरा था

आज पूर्णिमा की रात है
आसमाँ में चमकता सिर्फ़ चाँद है
जिस रात वो था कुछ फीका सा
वो रात थी अर्ध पूर्णिमा की

आधा हो या पूरा हो
हर हाल में लगता खुश मुझको
ना चाँद को थकते देखा मैंने
एक रात को बस वो सोता है

हर कदम पर यह कहता चाँद
जीवन तो आना जाना है
आज पतझड़ है, कल हरियाली
तू ख़ुद रोशन कर राह अपनी

हरियाली हो, या हो पतझड़
हो चाहे रात अमावस की
राह पर रह अडिग निडर
बस चलता चल आगे हर पल

१९। एक पल में ख़ुद को पा

ख़ुद को ढूँढता हूँ आएने में
ऐ ख़ुदा ..
यह आइना है के
बेबाक़ सा देखता है मुझे

ऐ खुदा के बंदे
ख़ुद को पहचानने के लिए
आएना नहीं ...
कुछ पल ख़ुद के साथ बिता ले

ख़ुद को ही नहीं
पा जाएगा एक पल में सारा जहाँ

२०। रोशनी बन कर निकल तू

खुदा का है बंदा ग़र तू
सूफ़ियाना सोच है तेरी
रोशनी बन कर निकल तू
हर सुबह के साथ चल तू

मान कर यही चल तू
ज़र्रा हर इक इक पाक है
सोने और माटी के बीच
फ़र्क़ ना रख कभी तू

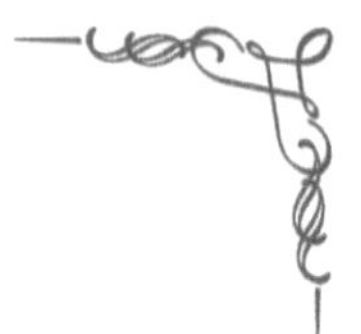

खुदा तो माटी में भी बसता है
जितना वो मंदिर में मिलता है
बसा ले उसको अपने मन में
दिखेगा वो फिर हर ज़र्रे में

"राही" ...

रोशनी बन कर निकल तू
हर सुबह के साथ चल तू।

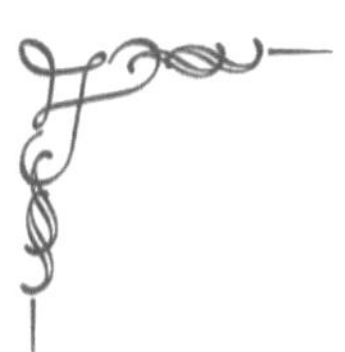
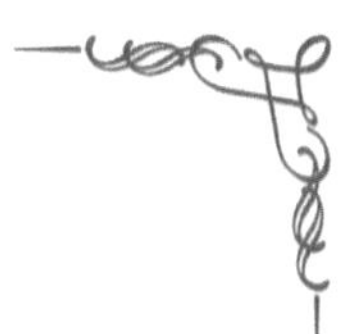

२१। मौला तेरा रंग निराला

ढहूँ रहीं हूँ जीवन में मैं
एक नई राह एक नई डगर
मिल जाऊँ मुझेसे ही फिर मैं
ले जा मौला उस छोर मुझे

ढाल ले अपने रंग में मुझको
चाल पे अपनी चला दे मुझको
पा जाऊँ मैं राह वही
ढहूँ रहीं हर दम जिसको

रंग कई दिखालाए जीवन के
कुछ थे अद्भुत, कुछ थे निराले
उन रंगों के रंग से मौला
तेरा रंग है सबसे निराला

मौला मेरे मौला तूने
हाथ पकड़ है राह दिखायी
नयी दिशा भी अब तू दिखला
जो तेरे रंग में समायी

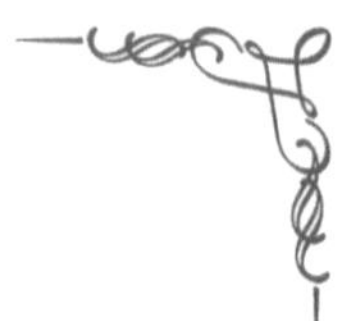

२२। मुक़्कमल जहां है मुमकिन

कहते हैं ...
हर क़िसी को मुकमल जहां नहीं मिलता
मैं कहती हूँ ...
जहाँ हर शक्स के लिए है समाँ
मुकम्मल ना-मुक्कमल है बस इक नज़रिया

ग़र लगे अपना जहां तुझे कम
तो एक पल के लिए बस
देख उसकी ओर
जिसके घने हैं ग़म

ख़ाली है थाली उसकी
और ना सर पे है छत
जीवन तेरा जीने को
शायद होगा वो तरसता

और हैं फ़क़ीर ऐसे भी
जो छोड़ सारे संसार का मोह
उसके बंधन से बंध चलें हैं
भूख ना कोई प्यास उन्हें

पा गए सारी कायनात
मिल गया मुक्कमल जहां
ग़र तू भी फ़क़ीर बन सके
तो मुक्कमल जहा मुमकिन बने

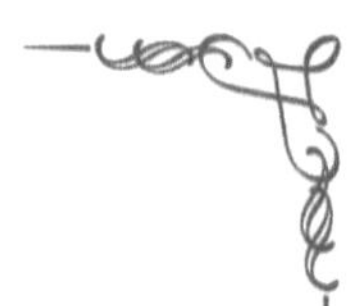

२३। ऐसा मुझे तू वर दे

एक सुर को छेड़ देना
सिर्फ़ एक सुर ही नहीं
यह जुड़ा है और सुरों से
यह अकेला तो नहीं

ऐसा मुझे तू वर दे
सुर हो अपने स्थान पे
छिड़े तो सुकून आवे
और तेरी ही झलक दिखावे

जो खड़ी हूँ किसी मोड़ पे
मेरा सुर मिले तेरी ताल से
ढूँढ लूँ सही राह मैं
कदम बढ़ाऊँ मैं आगे

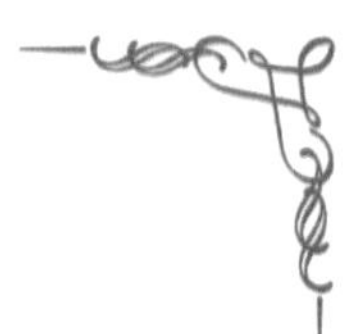

रोज़ सफ़र करूँ वो तय मैं
जहां लीन हूँ तेरे सुर में
"राही" जो सुर छेड़े तो
वह जा मिले तेरी ताल से

ऐसा मुझे तू सुर दे
ऐसा मुझे तू वर दे

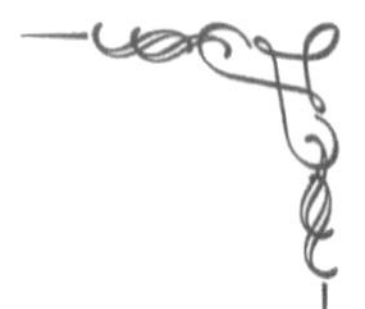

२४। बेफ़िक्र समाँ जाना समुन्दर में

नदी चलती पहाड़ों से
गुज़रती खूबसूरत वादियों से
कभी उंचायियों से गिरती
कभी कंकड़ों को चूमती

कभी अपने को सम्भालती
कभी वादियों का लुत्फ़ उठाती
कभी बस यूँ ही मुस्कुराती
और कभी तूफ़ानो से झूझती

देखा नहीं थकते नदी को कभी
तूफ़ानी रात हो कितनी भी
ना कभी शिकवा करते पाया उसे
बस मंद मंद लहराते देखा उसे

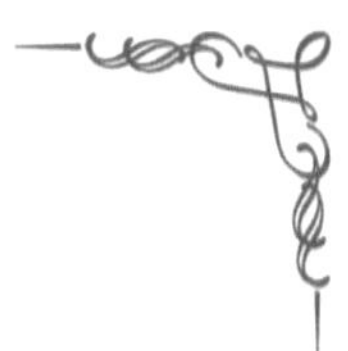

तूफ़ान आए राह में कितने भी
हो अमावस की रात चाहे भी
नादिया बढ़ती जाए हर पल
थमे नहीं, ना ले वो दम

तेरा मन जीवन भी है एक नदी
कर ले उस पर क़ाबू राही
तूफ़ानो से झूझ मुस्कुरा कर
वादियों का लुत्फ़ उठा कर

गिरना उठना और झर झर बहना
इस को जीवन का सार बना ले
जब समुन्दर में लीन हो तू
"राही" बेफ़िक्र समा जाना उस में तू

२५। यह रूहानी इश्क़

मोहब्बत तो हम रब से
हज़ार बार करें
और अहसास ए मोहब्बत
भी हर बार बायाँ करें

रब रूठे हज़ार बार हमसे
मना लेंगे हम हर बार उसे
यह इश्क़ मेरा रूहानी है
मेरी खामोशियों में झलके

ना इस इश्क़ में है बिरहा
है ना कोई इसमें व्यथा
ना आएगा कोई बीच हमारे
इतना तो यक़ीन है मुझे

इस राह में वो मेरे साथ है

पकड़े मेरा वो हाथ है

जो क़यामत भी आए आज ग़र

वो ले जाएगा मुझे अपने घर

२६। फिर रूत चाहे कोई हो

आज चली है फिर वो रूत
हर फूल डाली पे मुस्कुराए
चहुं दिश में है बसे बसंत
डाली डाली गीत गाए

पुरवा चले है ठंडी
है मोर पंख फलाए
बागों के रंग सुहाने
मेरे मन को मोह ले जाएँ

पलकों में नए सपने
बुन रहीं हूँ हरदम यूँ मैं
जैसे चाँदनी सितारों से
खेल रही अठखेली

सपने मेरे सतरंगी
बांधे समा जीवन का
फिर रूत चाहे कोई हो
अपने सपनो की ओर चलूँ मैं

भोर होते ही भर लूँ उड़ान मैं
हर दिन नीले आसमाँ में
मेरे सपने मुझे पंख दें
और बस उन्ही में खो जाऊँ में

फिर रूत चाहे कोई हो
फिर रूत चाहे कोई हो

२७। ना हारना तू हिम्मत

ज़िन्दगी जो ज़ख़्म दे चली है
समझ लेना सबक दिए है उसने
डर के इनसे कहीं तू
ना राह से बिछड़ना

कल की नयी सहर पे
उम्मीदें टिकाये रखना
हौंसला बनाए रखना
आस तू कभी ना छोड़ना

यह रात भी ढल चलेगी
कश्ती पार लगेगी
ये ज़िंदगी है खूबसूरत
और है बड़ी यह नियामत

जान ले आज तू इतना
तुझ पे बनी है उसकी रहमत
अपनी रुखसती के वक़्त तक
तू हारना ना हिम्मत

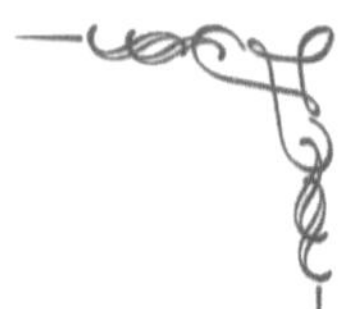

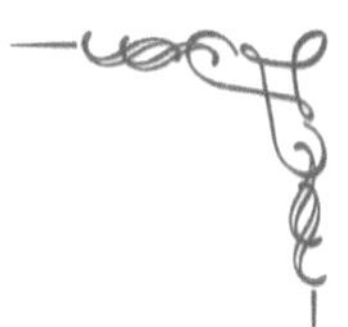

२८। जीवन की हर बेला में

जीवन की हर बेला में
तू हाथ थाम लेना मेरा
तू अपरंपार, तू सर्व भूत
तू ही तो है सत्चिदानंद

तेरा ही तो अंश हूँ मैं
फिर तुझसे कैसे अलग हूँ मैं
मैं हूँ यहाँ क्यूँकि तू है
तू ही तो नियन्ता मेरा है

ईश्वर तू तो है शाश्वत
इस में कोई दो राय नहीं
इंसान तो आना जाना है
इस में भी कोई शक नहीं

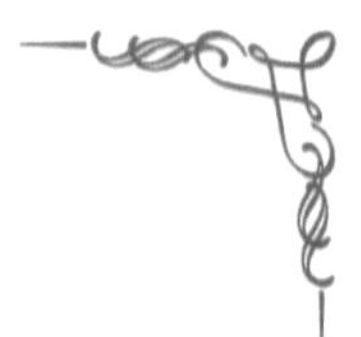

हे सृष्टि के करता धर्ता तुम
ले चलो अपने धाम मुझे
मैं यहाँ रहूँ या वहाँ रहूँ
मेरा अस्तित्व तो बस तुम ही तूम

इस् सृष्टि को नमन मेरा
भ्रह्मांड को भी नमन मेरा
प्रकृति के गुणों को मैं
अपना लूँ यह प्रयास मेरा

हे सत्विदानंदन अपना लेना मुझे
जीवन की हर बेला में तूम

२९| राज़ ए उल्फ़त छुपाते से रहे

उनकी उल्फ़त में यूँ उलझे से रहे

उम्र भर उनकी ही राह तकते से रहे

उनके ख़्वाबों में यूँ खोए से रहे

राज़ ए उल्फ़त को छुपाते से रहे

उनके आने का एक एहसास भी

बन चला मुस्कुराहट का सबब

उन एहसासों की गहराईयों में

साहिल को ढूँढते से रहे

मोहब्बत की शम्मा जलती ही रही

पर भी अंजूमन में रोशनी ना मिली

इस जहां की रंगीनियों में क़यामत तक

हम परवाना ए जन्नत तलाशते ही रहे

ता उम्र हम यूँ ही

राज ए उल्फ़त को यूँ छुपाते से रहे ....

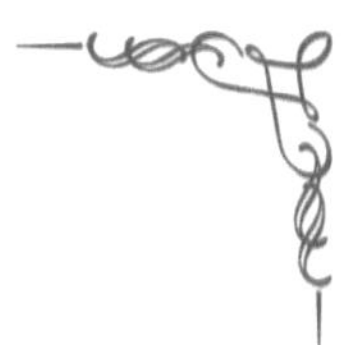

३०। क्या है मोहब्बत

मोहब्बत है इश्क़ या यह प्यार है
राज़ मोहब्बत का ना कोई ढूँढ पाया
क्या है यह रात भर महताब को ताकना
या फिर किसी के इंतज़ार में खो जाना

शायद यह मोहब्बत है सोच कर तुम देखो
कहती हूँ राही मैं समझ कर तुम देखो ....

ना यह सिंदूर है, ना यह सुरूर है
ना रात भर याद में जागना मोहब्बत है
मोहब्बत तो सिर्फ़ और सिर्फ़
दिल से दिल की पुकार है

मोहब्बत इक ग़ज़ल है
लव्ज जिसके उतर जाते हैं दिल में
और है यह एक इंद्रधनुष
रंग जिसके नज़र आते हैं उन्ही में

फूलों के रंग में बसी है मोहब्बत
बादलों के बरसने में बसी है मोहब्बत
गुलों की ख़ुशबुओं में है मोहब्बत
ज़िन्दगी का हर एक एहसास है मोहब्बत

३१। मोहब्बत ए जहान

वो रात बहुत हसीन थी
बस वो थे हम थे
कुछ गीत थे, कुछ यादें थीं
और कुछ दर्द भरे किस्से भी थे

वक्त बीतता गया
पर रात ठहर सी गयी
चाँदनी भी उस शब में
शबनम घोलती रही

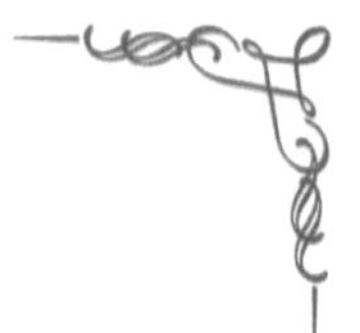

मोहब्बत है यह एहसास सा था
नज़रें उनसे मिलती ही ना थीं
डरते थे हम कहीं इकरार ना कर बैठे
कहीं दिल उन्हें ना दे बैठे

पर जब मोहब्बत ए इज़हार
किया उन्होंने हम से
नज़रें मिला ही ली उनसे
जाम ए इश्क़ उठा लिया हमने

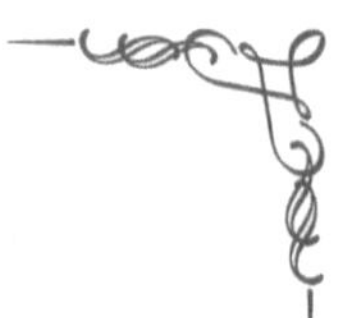

३२। सारा आलम अपना होगा

कुछ समा ही ऐसा था
कुछ समय भी ऐसा था
उस पल में हम ख़ुद को खो कर
माँग बैठे जहां उनसे सारा

एक पल के लिए हम सब कुछ भुला बैठे
उस एक पल में सारा जीवन जी बैठे
ख़ामोशियों ने बहुत कुछ कहा हमसे
जो ना कहा उन्होंने वो भी सुन बैठे

कहाँ तक जाएगा यह कारवाँ फ़िक्र न थी
क्या होगा इसका अंजाम यह सोचा नहीं
ना मिला वो तो कोई ग़म ना होगा
जो मिल गया तो सारा आलम अपना होगा

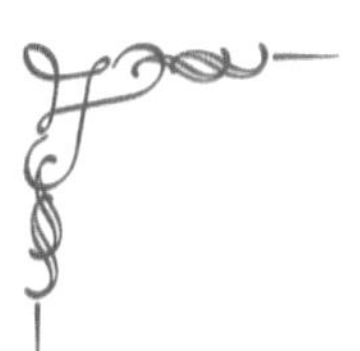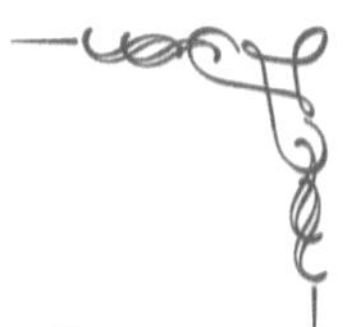

३३। माँग लिया उनको ही उनसे

आज उनकी ख़ामोशी बहुत कुछ कह गयी
उनके होठों पे जो आये ना लव्ज़
आँखे बन कर जुबान उनकी
हाले दिल उनका बयाँ कर गयी

कुछ ख़ामोश तनहा लम्हो में
महसूस किए उनकी धड़कनो में

वो लव्ज़ ...
जिनको सुनने को थे हम बेक़रार
जिनका सदियों से था हमें इंतेज़ार

क़ायल थे हम अदाओं के जिनकी
जान कर हाले दिल आज उनका
माँग रहे थे खुदा से जिसको
माँग लिया उनको ही उनसे

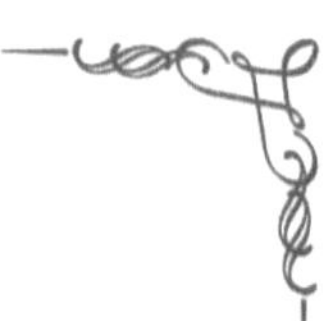

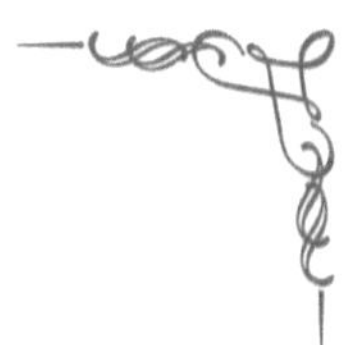

३४। जीत जाऊँगी मैं

अजब सी है ज़िंदगी
कभी जीने की चाहत
तो कहीं थकावट सी लगती
जीने के हर इक अहसास में

सफ़र ज़िंदगी का मुश्किल लगे
क़यामत कभी भी ढा जाती है यह
यका यक किसी भी कदम पर
अपना ही मोड़ मोड़ लेती है यह

पर मुश्किल सफ़र हो जितना भी
ना मिला हो हमारा मिज़ाज हर मोड़ पे भी
और दिए हों इसने हज़ारों रन जो ग़म भी
फिर भी बड़ी नियामत है ज़िंदगी

ऐ ज़िंदगी मोहब्बत करूँ मैं इतनी तुझसे
की तू भी ना इतनी जतलाए ख़ुद से
रिश्ता है मेरा जन्मो का तुझसे
इस लिए मेरा वादा है यह तुझसे ...

जीत जाऊँगी मैं ज़िन्दगी की राह में

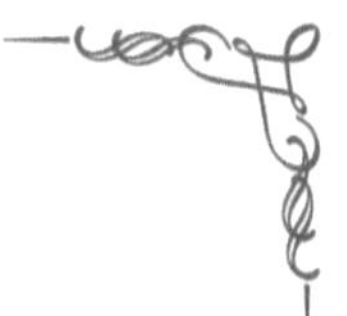

३५। ख़्वाबों को पंख लगा, उड़ जा

सब कहते हैं ...
तुम ख़्वाबों की दुनिया में जीती हो
इन छोटी छोटी सी आँखों में
हैं ख़्वाब बड़े बड़े बसते

सब कहते हैं ...
दीवानी हो ...
क्या ख़्वाब कभी सच होते हैं?

पर सुना है मैंने कई मर्तबा
ख़्वाबों के पंख भी होते है
ख़्वाबों संग सीखो ग़र उड़ना
तो भर सकती हो तुम भी उड़ान

जो ख़्वाब को ख़्वाब ही समझोगी
यह हसरत बन कर रह जाएँगे
हिम्मत हो पूरा करने की
तो ख़्वाब ही सच बन जाते हैं

ख़्वाबों को पाने की बेचैनी
है नई दास्ताँ लिखवाती
वो टोकेंगे हर पल तुमको
ना हार मानना उस पल को

ऐतबार रखना ख़ुद पर
और अपने सच्चे ख़्वाबों पर
अपने अंतरमन की शक्ति पर
आत्म विश्वास की परिभाषा बन

जो ख़्वाबों को पंख लगा दोगी
इस धरती से उस अम्बर तक
ना कोई तुम्हें फिर टोकेगा
और दूर तलक उड़ पाओगी

३६। फूल को शत शत नमन

जब बूँद बारिश की
यूँ फूल पर आ गिरी
मिला उसे अपना मुक़ाम
और फूल को सुकून भी

तभी इक भँवरे ने यूँ
पी लिया रस बूँद का
और अगले ही पल
वो दूर कहीं उड़ चला

फिर आयी कई तितलियाँ
फूल पर खेली अठखेलियाँ
कुछ रस उन्होंने भी पिया
और चल दीं अपने मुक़ाम पर

अब आयी इक पोदनी
पंख अपने फड़ फडाती हुई
कुछ देर वहाँ बैठकर
उसने भी पीया फूल का रस

पर फूल मुस्कुराता रहा
हवा में खिलखिलाता रहा
अपनी गोद में उस बूँद को
समेटे हुए वो खिलता रहा

तभी खिल उठा आकाश में
सतरंगी इन्द्रधनुष कहीं
जैसे ईश वैकुंठ से कर रहे
फूल को शत शत नमन

३७। नग़मे है कुछ यादों भरे

नग़मे है कुछ यादों भरे
भूल ना पाएँ जिनको हम
नग़मे हैं यह उन लम्हों के
कुछ खट्टे थे, कुछ मीठे थे
कुछ तनाव भरे, कुछ ख़ुशी भरे
जो खींच लाए फिर संग हमें

कुछ लम्हे बहुत ही लम्बे थे
कुछ पलक झपकते बीत गए
पीछे जो मुड़ के देखूँ तो
इक अरसा लम्बा निकल गया
और फिर सोचूँ तो लगे है यूँ
कल की ही तो बात है यह

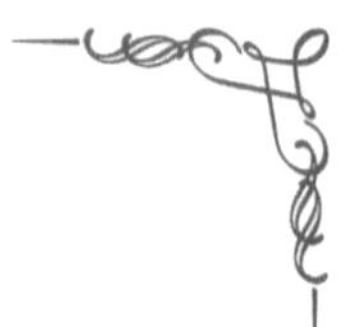

जब मिले थे पहली बार वहाँ
कुछ वक़्त बिताया साथ जहां
इक क़दम नया उठाया था
जीवन का भी पथ ढूँढा था
संग दोस्त नए पुराने थे
कुछ सपने थे, कुछ अपने थे

आज वही दोस्त मिले हैं फिर
कुछ वही वही, कुछ नए नए
गुनगुनाने उन नग़मों को फिर
समेटने उन यादों लमहों को
कुछ क़दम मिलाकर चलने को
कुछ नए भी नग़मे गाने को

नग़मे है कुछ यादों भरे
गाने को जो मैं आतुर हूँ
वो नग़मे है उन लम्हों के
कुछ खट्टे थे, कुछ मीठे थे
नग़मे है कुछ यादों भरे
भूल ना पाएँ जिनको हम

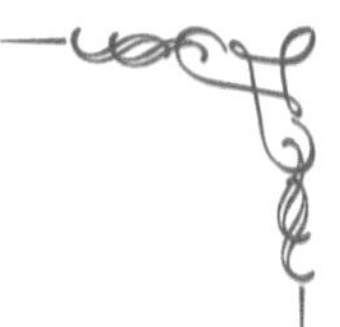

३८। मैं अ "बला" नारी नहीं

अ "बला", याने के
बिना बल के
क्यूँ तुम ने बाला के
साथ जोड़ दिया यह "अ"?

किसने दिया तुम्हें यह हक़
किसी भी नारी को
अबला कह कर पुकारने का
मुझे अपने नाम का अस्तित्व देने का

मैं अ "बला" नारी नहीं
अपने अस्तित्व के लिए
मुझे तुम्हारे अस्तित्व की
ज़रूरत नहीं

यदि तुम पुरुष हो
तो मैं प्रकृति हूँ
तुम शिव हो अगर
तो मैं शक्ति हूँ

तुम जन्मदाता हो ग़र
तो मैं भी जग जननी हूँ
यही सत्य है जीवन का
इस जीवन को जी लेने का

३९। वो कल था अब बीत चला

जो बीत गयी सो बात गयी
वो कल था जो अब बीत चला
आज नयी सुबह खिली नयी कली
कु छ नए सपने तू बुन लेना

क्यूँ शोक में जीता राही तू
कुछ सीख ले अपने कल से तू
समेट समेट उन यादों को तू
जीवन का अंश मान ले तू

जीवन में ख़ुशियाँ पायीं तूने
और साथ ही दुःख भी देखे तूने
दोनो ही अस्थिर, अनिश्चित थे
दोनो ही आना जाना थे

जो बीत गयी सो बात गयी
जो रात गयी फिर ना आएगी
इस लम्हे को ही सच मान के तू
जीवन रस को पी ले तू

आज नयी सुबह खली नयी कली
कुछ नए सपने बुन ले तू
आज नयी सुबह ▢खली नयी कली
कु छ नए सपने तू बुन लेना

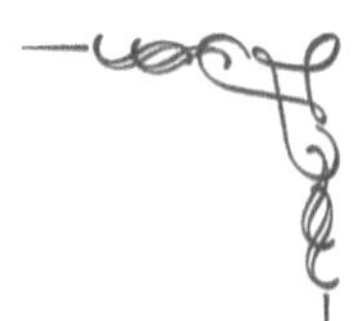

४०। जी आयी लम्हे बचपन के

आज जब उस गली में
फिर कदम रखा
बचपन का हर एक लम्हा
ख़ुशियों भरी यादें ले आया

लगा मानो वर्षों का सफ़र
तय कर लिया उन लमहों में
छोटी छोटी यादों का मेला
लगा था उस एक गली में

वो माँ का प्यार से बुलाना
कभी रोती को हँसाना
वो पेड़ों पर चढ़ना
दोस्तों के साथ बेफ़िक्र खेलना

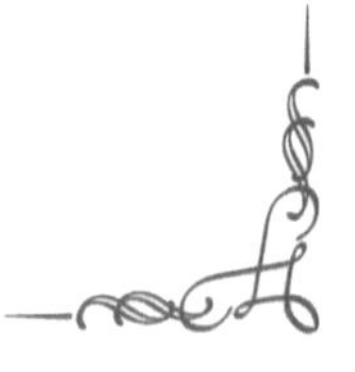

उन गलियों में बसी यादों को
समेट अपने आप से बोली
कुछ दिन यहीं बिताऊँगी
कितनी यादें और संजोनी हैं अभी

तभी मुझे अहसास हुआ
मैं तो यहीं हूँ
एक नयी दुनिया में
दूर बचपन की गलियों से

बस सपनों की दुनिया में
जा कर घूम आयी
यादों के कूचे गलियारों में
जी आयी लम्हे बचपन के

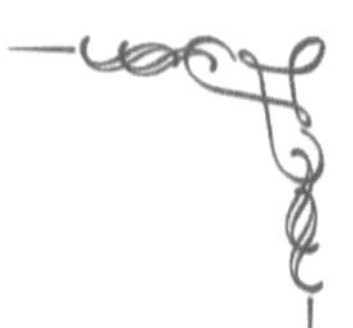

४१| ढाई अक्षर का मेला

मिट्टी से मिट्टी तक के
इस ढाई अक्षर के मेले में
श्रांति भी है शांति भी है
तृष्णा भी है तृप्ति भी है

जन्म से मृत्यु के सफ़र में
ढाई अक्षर को समझ ले
मिट्टी से मिट्टी के सफ़र को
पूर्ण हो कर तय तू कर ले

प्रेम के तू रंग भर दे
बंधु बन तू हर का चल दे
कर्म को तू धर्म मान ले
हर श्वास में अर्थ भर ले

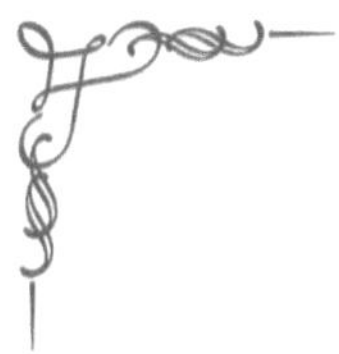

अज्ञानता से युद्ध कर ले
ज्ञान के पथ पे तू चल दे
वेद ग्रंथ को मित्र बना ले
जीवन का तू अर्थ समझ ले

एकाग्रचित्त हो ध्यान कर के
सृष्टि का तू ज्ञान भर के
अंतर्मन की अग्नि में
एक नयी शक्ति भर के

पृष्ठ लिख ले ...

मिट्टी से मिट्टी तक के
इस ढाई अक्षर के मेले के